나라의 운명은 계절과 닮은 걸까요?
맨 처음 우리나라 조선이 스러진 자리에서
새로운 이야기가 싹트기 시작했어요.
저마다의 향기로 피어나는 봄꽃처럼
저마다의 색깔로 자라나는 우리나라 이야기를 들어 보아요.

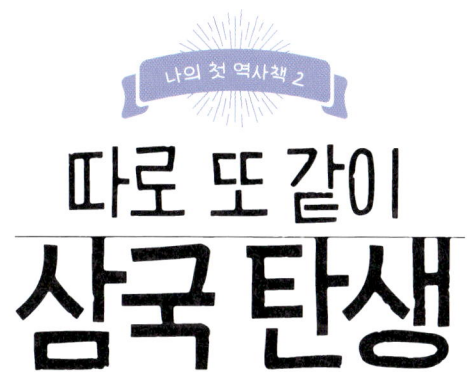

따로 또 같이
삼국 탄생

나의 첫 역사책 2

이현 글 | 권문희 그림

휴먼
어린이

사람들은 언제나 새로운 생각을 했어요.
사람이 처음 생겨났을 때부터 그랬죠.
돌로 도구를 만들어 쓰다가, 청동으로 만든 도구를 쓰기 시작했어요.
동굴에서 살다가 집을 짓고 살게 되었어요.
저절로 열린 과일을 따 먹다가 씨를 뿌려 농사짓는 법을 알게 되었고요.

사람들은 땅에서 또 새로운 쇠붙이를 발견했어요. 철광석이었지요.
철광석을 뜨거운 불로 녹인 뒤 거푸집*에 넣어 식히면
여러 가지 모양의 도구가 되었어요.
괭이도 만들고 낫도 만들었어요.
이렇게 철광석으로 만든 도구를 철기라고 했지요.
철기 시대가 시작되었습니다.

● **거푸집** 물건의 모양을 만드는 틀.

철기는 단단하고 날카로웠어요. 철광석은 흔해서 구하기도 쉬웠지요.

철로 만든 농기구는 농사에도 큰 도움이 되었어요.

농사가 잘 되어서 배불리 먹고도 곡식이 남았어요.

남은 곡식을 따로 모아 둘 수도 있었습니다.

그런데 욕심 많은 사람들이 못된 일을 꾸미기 시작했어요.

철로 만든 무기를 앞세우고 이웃 마을로 쳐들어갔어요.

힘써 거둔 곡식을 빼앗고, 정성껏 기른 가축도 빼앗았어요.

남의 땅을 차지하고 사람들을 부하로 삼았지요.

그렇게 마을을 하나하나 집어삼켰어요.

점점 땅이 넓어지고 부하들이 많아졌어요.

힘이 세졌지요.

마침내 나라를 이룰 만큼 큰 무리가 생겨났어요.

고조선의 옛 땅에 새로운 나라가 일어나기 시작했습니다.

쑹화 강 근처에 무리 지어 살던 사람들은 부여라는 나라를 세웠습니다.

부여는 드넓은 벌판에 자리 잡고 있었어요.

농사도 짓고, 가축도 길렀어요. 소, 말, 돼지 그리고 개도 길렀어요.

특히 부여의 말은 기운차고 날래기로 유명했어요.

부여 사람들도 말을 잘 탔어요. 말 타고 사냥하기를 즐겼지요.

어느 날, 부여의 세 번째 임금인 금와왕이 신하들과 태백산까지 말을 달려 갔어요.
그런데 외딴 물가의 버드나무 아래에 한 여인이 있었습니다.
여인은 나무 그늘에 몸을 숨긴 채 울고 있었지요.
금와왕이 여인에게 물었어요.

"그대는 누구인가?"

"소녀는…… 소녀는 하백의 딸 유화입니다. 아버님께 쫓겨나 이곳으로 왔사옵니다……."

하백은 물의 신이었어요. 물의 신이 딸을 쫓아냈다는 것이죠. 금와왕은 깜짝 놀랐습니다.

"아니, 대체 무슨 일이오?"

"몇 달 전이었어요.

동생들과 들에서 놀고 있는데 하늘나라 임금님의 아들 해모수가 나타났어요.

저와 해모수는 한눈에 반해서 혼인했어요. 그런 뒤 해모수는 하늘로 돌아갔어요.

그 일로 아버지는 몹시 화가 나셨어요.

제가 부모님의 허락도 받지 않고 결혼했기 때문이지요. 흑흑흑."

유화는 또 서럽게 울기 시작했어요.

금와왕은 유화가 딱했어요. 차마 모른 척 할 수 없었습니다.

"나와 함께 갑시다."

금와왕은 유화를 부여의 왕궁으로 데려갔어요.
그런데 이상한 일이 벌어졌어요.
햇빛이 유화를 졸졸 따라다녔어요.
유화가 방으로 들어가면 창문으로 햇빛이 들어와 유화를 비추었어요.
유화가 밖으로 나가면 햇빛도 따라 나갔고요.
처마 밑으로 피해도, 마구간으로 숨어 들어가도 그랬어요.
유화가 어딜 가든 햇빛이 기어코 유화를 비추었어요.

그러던 어느 날, 유화는 어린아이 몸통만큼 커다란 알을 낳았습니다.
금와왕은 몹시 놀라 신하들에게 명했어요.

"세상에! 사람이 알을 낳다니!
이 무슨 해괴한 일이냐? 당장 갖다 버려라!"

신하들이 유화에게서 알을 빼앗아 돼지우리에 버렸어요.
그런데 돼지들은 알을 건드리지 않았어요. 오히려 슬슬 피했습니다.
큰길에 버려도 동물들이 알아서 알을 피해 갔어요.
들판에 내다 버렸더니 새들이 날개로 알을 감싸 줬어요.

"큰 칼로 알을 쪼개어 버려라!"

힘센 장수가 큰 칼로 힘껏 알을 내리쳐도 소용없었어요.
알은 끄덕도 하지 않았습니다.
결국 금와왕은 유화에게 알을 되돌려 주었어요.

며칠 뒤, 알이 쪼개졌어요.
우렁찬 울음소리와 함께 사내아이가 모습을 드러냈어요.
유화가 아이를 꼭 안으며 눈물지었어요.

"아가! 내 귀여운 아가! 건강하게 태어나 주었구나!"

아이는 튼튼하게 자랐어요.
어려서부터 어찌나 활을 잘 쏘는지, 주몽이라는 이름까지 갖게 되었어요.
주몽은 '활을 잘 쏘는 사람'이라는 뜻이랍니다.

금와왕은 주몽을 무척 예뻐했어요.
그런 만큼 금와왕의 일곱 왕자들은 화가 났어요.
아버지의 사랑을 빼앗긴 것 같아서
주몽을 몹시 미워했지요.
금와왕도 왕자들의 마음을 알아챘어요.
그래서 주몽을 마구간지기로 보냈습니다.
잠시 조용한 곳에 따로 두려 한 거죠.

마구간에서도 주몽은 마음을 놓을 수 없었어요.
왕자들이 언제 해치려 들지 몰랐으니까요.

'날쌘 말이 필요해.'

주몽은 마구간에서 제일 날쌘 말을 골랐어요.
그러고는 다른 말들은 충분히 잘 먹이면서,
날쌘 말에게는 일부러 먹이를 적게 주었어요.
시간이 흐르자 날쌘 말은 볼품없이 야위었지요.

마구간의 다른 말들은 보기 좋게 살이 올랐어요.
금와왕이 주몽을 크게 칭찬했어요.

"말을 아주 잘 돌봤구나. 좋다! 상으로 말 한 마리를 주마."

주몽은 가장 야윈 말을 골랐어요.
일부러 먹이를 조금 주었던 그 말이었죠.
주몽은 이제 가장 날쌘 말을 갖게 되었습니다.

그때, 결국 걱정했던 일이 터졌어요.

"아무래도 안 되겠어. 오늘 밤 주몽을 없애 버리자!"

일곱 왕자들은 마구간을 습격해서 주몽을 해치기로 했어요.
다행히 유화가 먼저 눈치를 채고 주몽에게 그 사실을 알려 줬어요.

"어머니, 죄송해요. 제 아내에게도 미안하다고 전해 주세요.
아내 배 속에서 자라고 있는 아기가 태어나면, 꼭 저를 찾아오라고 해 주세요!"

주몽은 어머니에게 작별 인사를 하고 말에 올랐습니다.
마구간에서 가장 날쌘 말이었지요.
오이, 마리, 협보도 주몽을 따라갔어요.
네 사람은 일곱 왕자들을 따돌리고 졸본 땅까지 무사히 도망쳤어요.

저 먼 남쪽에서도 신비한 일이 일어났어요. 하늘에서 번개처럼 하얀 빛이 흘러나왔어요.

빛이 드리운 땅에는 붉은 알이 놓여 있었어요. 그리고 흰말이 알에게 절을 하고 있었습니다.

그 소식을 듣고 주변 여섯 마을의 우두머리들이 달려왔어요.

사람들이 모여들자 흰말은 길게 울고서 하늘로 날아올라 사라졌어요.

"귀한 알인 것 같습니다."
"우리가 나라를 세우려는 때에 이런 일이 생겼군요!"
"하늘의 선물이 분명합니다."

여섯 마을 우두머리들은 부푼 마음으로 알을 쪼갰어요.
하얀빛과 함께 사내아이가 알에서 나왔어요. 사람들은 크게 기뻐했어요.

"오! 하늘에서 임금님을 내려 주셨습니다!"

아이는 자라서 혁거세왕이 되었습니다.
혁거세왕은 여섯 마을을 하나의 나라로 만들었어요.
나라의 이름은 사로국, 훗날 신라가 되었어요.

한편 부여에서 무사히 도망친 주몽은 소서노라는 여인과 가까워졌어요.

소서노는 졸본을 다스리던 우두머리의 딸이었습니다.

일찍 남편을 잃은 뒤, 온조와 비류라는 아들을 키우며 혼자 살고 있었어요.

주몽은 소서노와 혼인했어요.

소서노와 함께 졸본에서 큰 힘을 갖게 되었지요.

마침내 스스로 왕이 되어 나라를 세웠습니다.

"나라의 이름은 고구려라 하겠다."

주몽은 동명왕이 되었습니다.
소서노도 왕비의 자리에 올랐어요.
온조와 비류는 이제 고구려의 왕자였지요.

그런데 동명왕이 부여에 두고 온 아들 유리가 고구려로 찾아왔습니다.
동명왕은 크게 기뻐하며 유리를 태자로 삼았습니다.
유리가 고구려의 다음 왕이 되는 거였죠.
그러자 소서노가 두 아들에게 말했어요.

"온조야, 비류야. 고구려를 떠나 스스로 새 나라를 세우는 게 어떠하냐?"
"네, 어머니. 새로운 땅에서 새 나라를 세우겠습니다."

소서노와 두 아들은 고구려를 떠났어요. 뒤따르는 백성과 신하도 많았지요.
남쪽으로, 남쪽으로, 한참을 가다가 한강에 이르렀어요.

"참으로 좋은 땅입니다. 강도, 산도, 들판도 있고 바다도 가깝습니다. 이곳을 도읍으로 삼아 나라를 세우겠습니다."

온조가 세운 나라의 이름은 백제였어요.

부여의 남쪽에는 고구려와 옥저와 동예가 차례로 생겨났어요.
그보다 남쪽에는 더 많은 나라가 있었어요.
삼천여 명이 오붓하게 지내는 작은 나라도 있고,
일만여 명이 모여 사는 큰 나라도 있었어요.
가까이 있는 나라끼리 친하게 지내며 큰 무리를 이루기도 했습니다.
백제를 비롯해 서쪽에 자리 잡은 나라들을 아울러 마한이라 했지요.
신라를 비롯해 동쪽에 있는 나라들은 진한이라 했어요.
마한과 진한의 남쪽에 있는 나라들은 변한이라 했어요.
그리고 마한과 진한과 변한을 통틀어서 삼한이라 불렀습니다.

저 먼 북쪽 벌판에서부터 따뜻한 남쪽 바닷가까지,

백오십 개가 넘는 나라가 있었습니다.

그중에서 네 나라가 땅을 넓히고 힘을 기르며 큰 나라로 자라났어요.

고구려는 옥저와 동예를 차지했어요. 부여도 고구려에 고개 숙였지요.

백제는 마한 땅의 주인이 되었어요.

신라는 진한에서 제일가는 나라가 되었어요.

가야도 제법 세력이 커졌지만 고구려, 백제, 신라보다 약했어요.

중국은 그 모두를 동이족이라고 불렀어요.
동이족이라는 말은 '중국의 동쪽에 사는 오랑캐'라는 뜻이에요.
오랑캐는 다른 민족을 깔보는 나쁜 말이지요.
아무튼 중국에서 보기에는 고구려, 백제, 신라가 형제 같았던 모양이에요.
부여부터 삼한까지, 저마다 나라를 이루어 살았지만 서로 참 많이 닮았던 거지요.

고구려와 백제와 신라는 모두 우리나라예요.
따로 또 같이.
세 나라는 때로 다투기도 하고 서로 돕기도 했어요.
세 나라를 다른 말로 삼국이라 했지요.
삼국 시대가 시작되었습니다.

나의 첫 역사 여행

처음 나라가 생겨난 곳

풍납토성

1925년, 홍수가 지나간 한강가에서 놀라운 물건들이 모습을 드러냈어요.
청동으로 만든 냄비, 금으로 만든 허리띠, 멋진 무늬가 새겨진 기와 조각,
흙으로 쌓은 거대한 성의 흔적도 발견되었죠.
많은 사람이 모여 살던 큰 성 같았어요.
왕이나 귀족처럼 신분이 높은 사람들이 모여 살던 곳 말이에요.
백제의 첫 번째 도성, 바로 풍납토성이었어요.
백제의 첫 번째 임금 온조왕이 나라를 세운 곳인지도 몰라요.

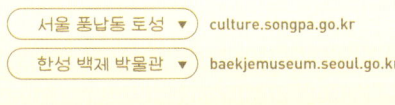
서울 풍납동 토성 ▼ culture.songpa.go.kr
한성 백제 박물관 ▼ baekjemuseum.seoul.go.kr

한성 백제 박물관에 있는 풍납토성 성벽 모형

풍납토성에서 발견된 청동 냄비

나정

신라의 첫 번째 임금 혁거세왕은 알에서 태어났다고 했지요?
그 알은 신라 수도 서라벌의 우물가에서 나왔어요.
지금도 경주에는 그 우물이 남아 있답니다.
우물의 이름은 '신라의 왕이 난 자리'라는 뜻의 '나정'이에요.
그런데 혁거세왕은 정말 알에서 태어난 걸까요?
어쩌면 나정에 그 답이 숨어 있을지도 몰라요.

guide.gyeongju.go.kr 경주 나정 ▼

경북 경주시에 있는 나정

쑹화 강

부여에서 탈출한 동명왕은 엄수라는 강을 건넜어요.
그때 물고기들이 주몽을 위해 다리를 놓아 주었죠.
어떤 사람들은 쑹화 강이 바로 그 엄수라고 말해요.
쑹화 강은 백두산 천지에서 흘러나와 만주 벌판을 가로질러요.
길이는 무려 2000킬로미터!
동명왕은 그만큼 큰 땅에 고구려를 세웠어요.
쑹화 강을 따라가 보면 동명왕과 고구려의 큰 뜻을
느껴 볼 수 있을 거예요.

고구려 대장간 마을 ▼ www.goguryeotown.co.kr

중국 둥베이 지방에 있는 쑹화 강의 현재 모습

우리는 주몽의 후예!

오래된 중국 책에서 우리나라 사람에 대해 이렇게 적고 있어요.
"사람의 수는 적으나 살고 있는 곳이 험한 산속이다.
게다가 이웃 나라 사람들이 그 활을 두려워하여 그들을 정복하지 못한다."
우리나라에는 산이 많아서 길이 험하고,
우리나라 사람들은 활을 잘 쏘았다는 거예요.
그래서 다른 나라 사람들이 함부로 우리에게 덤빌 수 없었다는 말씀!

조선의 활과 화살통

청동기 시대의 화살촉

또 중국 사람들은 우리를 '동이족'이라고 불렀어요.
여기서 '이'라는 한자는 '활을 잘 쏘는 백성'이라는 뜻이래요.
그런 말을 들을 만큼 우리나라 사람들은 활을 잘 쏘았어요.

그중 가장 이름난 궁수는 다름 아닌 고구려의 첫 번째 임금 동명왕!
얼마나 활을 잘 쏘았으면 이름이 곧 '활 잘 쏘는 사람'이었을까요?
고구려 사람들은 활쏘기를 즐겼나 봐요.
고구려 무덤 벽화에서도 활 쏘는 장면을 찾아볼 수 있답니다.

그 후로도 우리나라 사람들은 활을 즐겨 쏘았어요.
작지만 튼튼한 활로 사냥도 하고, 서로 솜씨를 겨루기도 했지요.
인적이 쳐들어오면 활을 들고 용감하게 맞섰고요.
지금도 국궁장에 가면 우리나라 활을 쏘아 볼 수 있어요.
우리는 주몽의 후예!
국궁장으로 달려가 활시위를 힘껏 당겨 볼까요?

중국 지린 성 지안의 고구려 무덤에서 발견된 수렵도

수원 화성의 연무대에 있는 국궁장

글 이현

세상 모든 것의 이야기가 궁금한 동화작가입니다. 우리나라 곳곳에 깃든 이야기를 찾아 어린이들의 첫 번째 역사책을 쓰고 있습니다. 그동안 《짜장면 불어요》, 《로봇의 별》, 《악당의 무게》, 《푸른 사자 와니니》, 《플레이 볼》, 《일곱 개의 화살》, 《조막만 한 조막이》, 《내가 하고 싶은 일, 작가》 등을 썼습니다. 제13회 전태일 문학상, 제10회 창비좋은어린이책 공모 대상, 제2회 창원아동문학상 등을 받았습니다.

그림 권문희

옛글과 옛사람들의 숨은 이야기를 맛깔 나는 그림으로 선사하는 그림작가입니다. 역사 속 인물들을 금세 친한 친구로 만들어 줍니다. 쓰고 그린 책으로 《깜박 깜박 도깨비》와 《줄줄이 꿴 호랑이》가 있고, 그린 책으로 《백구》, 《까치와 호랑이와 토끼》, 《내 더위 사려!》, 《동에 번쩍》, 《콧구멍만 바쁘다》, 《학교 가기 싫은 날》, 《조선 수학의 신, 홍정하》, 《무섭지만 자꾸 듣고 싶은 역사 속 귀신 이야기》 등이 있습니다.

나의 첫 역사책 2 — **따로 또 같이 삼국 탄생**

1판 1쇄 발행일 2017년 6월 5일 | 1판 14쇄 발행일 2025년 2월 24일
글 이현 | **그림** 권문희 | **발행인** 김학원 | **기획·편집** 이주은 박현혜 | **표지·본문 디자인** 유주현
저자·독자 서비스 humanist@humanistbooks.com | **스캔** (주)로얄프로세스 | **용지** 화인페이퍼 | **인쇄** 삼조인쇄 | **제본** 다인바인텍
발행처 휴먼어린이 | **출판등록** 제313-2006-000161호(2006년 7월 31일) | **주소** (03991) 서울시 마포구 동교로23길 76(연남동)
전화 02-335-4422 | **팩스** 02-334-3427 | **홈페이지** www.humanistbooks.com

글 ⓒ 이현, 2017 그림 ⓒ 권문희, 2017
ISBN 978-89-6591-334-4 74910
ISBN 978-89-6591-332-0 74910(세트)

- 이 책은 저작권법에 따라 보호받는 저작물이므로 무단 전재와 무단 복제를 금합니다.
- 이 책의 전부 또는 일부를 이용하려면 반드시 저작권자와 휴먼어린이 출판사의 동의를 받아야 합니다.
- **사용연령 6세 이상** 종이에 베이거나 긁히지 않도록 조심하세요. 책 모서리가 날카로우니 던지거나 떨어뜨리지 마세요.